D1691161

Sollte diese Publikation Links auf Webseiten Dritter enthalten, so übernehmen wir für deren Inhalte keine Haftung, da wir uns diese nicht zu eigen machen, sondern lediglich auf deren Stand zum Zeitpunkt der Erstveröffentlichung verweisen.

Wir danken für die Unterstützung der Abteilung für Kunst und Kultur der NÖ Landesregierung.

KULTUR NIEDERÖSTERREICH

1. Auflage
© 2022, Vermes-Verlag Ges.m.b.H.
Kleine Tullnbachgasse 64, 3430 Tulln an der Donau
Alle Rechte vorbehalten.

Text: Ferdinand Auhser
Umschlag und Innenillustrationen: Studio Vermes (Charakterdesign: Manuela Wildauer, Konzeption und Ausführung: Jeremias Lindner, Manuela Wildauer, Assistenz: Daniela Huber, Agnes Mayer)
Satz und Gestaltung: Lorenz+Lechner GbR, Inning am Ammersee
Druck: Gugler GmbH, Melk/Donau

Printed in Austria

ISBN 978-3-903300-47-7

www.vermes-verlag.com
www.bakabu.at

greenprint*
klimapositiv gedruckt

PurePrint®
innovated by gugler* DruckSinn
Gesund. Rückstandsfrei. Klimapositiv.
drucksinn.at

Ferdinand Auhser

BAKAZU
und das Osterlied-Ei

Mit Illustrationen von
Daniela Huber, Jeremias Lindner, Agnes Mayer
und Manuela Wildauer

VERMES-VERLAG

Wie jeden Morgen begrüßen die ersten Sonnenstrahlen das kleine Dörfchen Hornhausen. Und wie jeden Morgen ertönt schon kurz darauf ein fröhliches Pfeifen aus einem kleinen Haus. Und ebenso wie jeden Morgen springt gleich darauf die Türe dieses Häuschens auf. Ein blauer Ohrwurm zischt heraus. Natürlich ist es Bakabu. Und Bakabu hat beste Laune.

„Einen wunderschönen guten Morgen wünsche ich der tollsten Glockenblume im ganzen Singeland. Hier kommt das Guten-Morgen-Getränk!", ruft Bakabu und schwingt eine Gießkanne. Doch plötzlich stutzt er.
„Ich weiß nicht so recht", murmelt er, „irgendwie sieht es hier heute anders aus als sonst. Irgendwie … bunter. Irgendwie … röter."

Bakabu kratzt sich am Kopf und reibt seine Nase. Er mustert die Glockenblume von oben bis unten und … OH! Da fällt es ihm auf. „Unter meiner Blume liegt ja etwas. Und es hat die gleiche Farbe wie meine Nase. Aber meine Nase kann es nicht sein", flüstert Bakabu, während er sich auf die Nasenspitze tippt. „Es sieht aus wie ein Ei. Aber wo kommt es her? Und wer hat es hierhergebracht? Und warum ist es ROT? Ich muss sofort Charlie Gru und Mimi Lou holen."

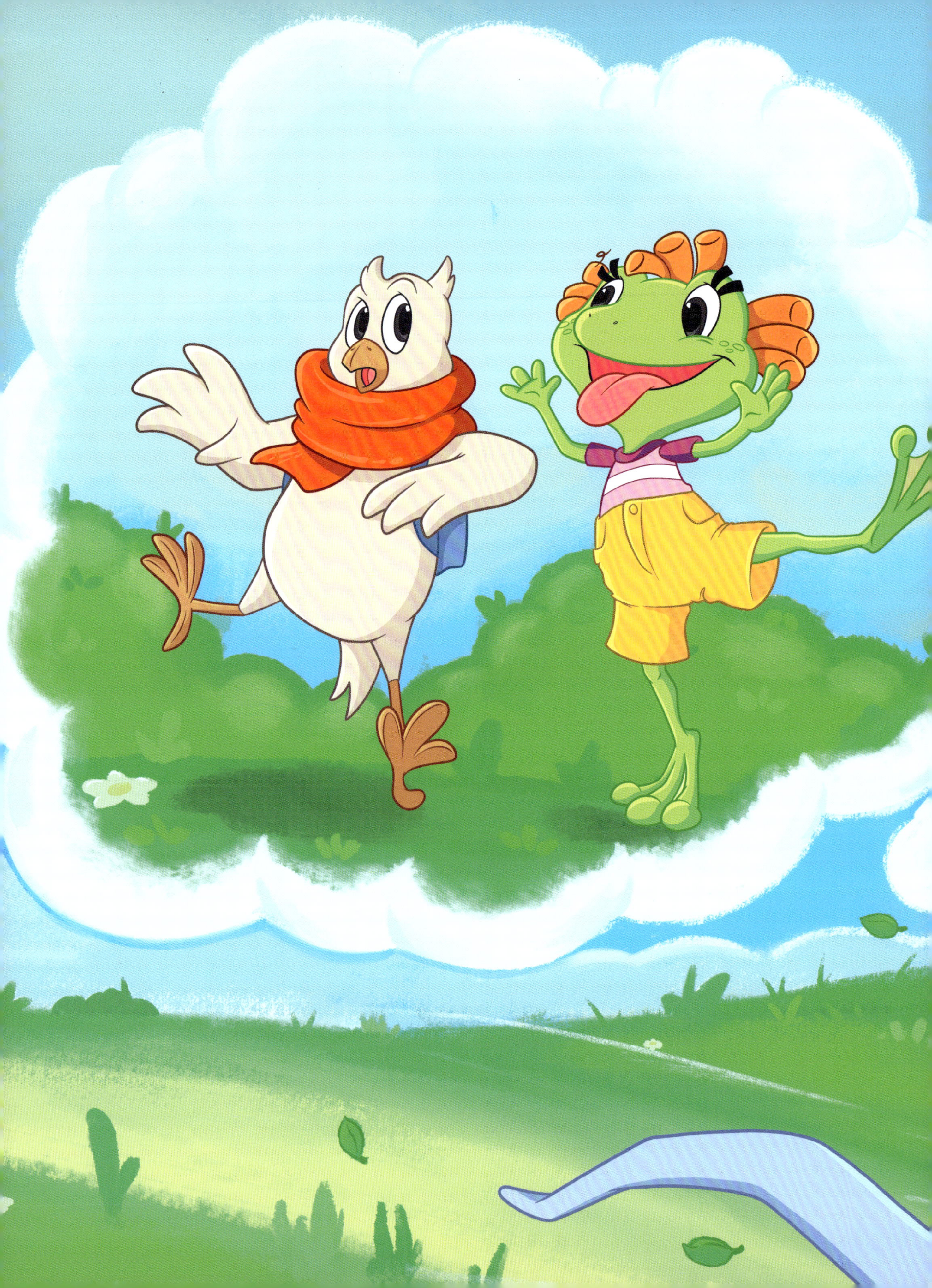

Bakabu macht sich auf den Weg: erst zu seinem besten
Freund Charlie Gru, der ängstlichsten und vorsichtigsten
Tontaube im ganzen Singeland.
Und dann in den Wald zum Teich, denn dort wohnt
Mimi Lou. Sie ist der aufgeweckteste, vorlauteste
und durchgeknallteste Knallfrosch weit und breit –
und die beste Freundin von Bakabu
und Charlie Gru.

„Ei-Ei-Ein rotes Ei?", stammelt Charlie Gru. „D-D-Das klingt aber seltsam. W-W-Wahrscheinlich ist es ein s-s-sehr zorniges Ei, wenn es schon s-s-so rot ist. Und m-m-mit zornigen Eiern ist n-n-nicht zu spaßen!"

„Ach, Unsinn, Charlie Gru. So etwas gibt es doch gar nicht", lacht Bakabu. „Meine Nase ist doch auch rot. Und sie ist niemals nie nicht zornig. Außer vielleicht, wenn sie Schnupfen hat."

„Quann ich das quomische Ei denn auch essen, ja?",
fragt Mimi Lou.
Doch als die drei Freunde Bakabus Haus erreichen,
ist weit und breit kein Ei zu sehen. Dafür ist da
plötzlich etwas anderes. Oder jemand anderes.
Und dieser Jemand ist sehr beschäftigt. Er buddelt
angestrengt in der Erde, sodass die Freunde nur
sein wuscheliges Hinterteil sehen können.

„Ähm, hallo, können wir vielleicht behilflich sein?", fragt Bakabu.

„Wie? Was? Ach so, na ja, kommt darauf an", antwortet der Fremde. Jetzt hat er sich umgedreht und es ist – natürlich! – ein Hase. Er trägt eine seltsame Mütze und hat einen Gürtel umgeschnallt, in dem viele bunte Pinsel stecken.

„Quommt worauf an?", fragt Mimi Lou.

„Na ja, kommt darauf an, ob ihr mein Ei gefunden habt", sagt der Hase. Dann tippt er Bakabu ins Gesicht: „Es sieht genau wie deine Nase aus. Wir waren eben noch auf einer Wiese bei einer Glockenblume. Dann ist das Ei plötzlich auf einen Regenbogen gesprungen und war verschwunden. Natürlich bin ich gleich hinterhergehoppelt und hier gelandet!"

„Dann kommst du also von der Erde, ja?", fragt Bakabu erfreut.

„Natürlich komme ich von der Erde", antwortet der Hase. „Schließlich bin ich der Osterhase. Und das Osterfest steht vor der Tür. Deshalb brauche ich doch das Ei. Es ist ein ganz besonderes Ei, wisst ihr?"

„Osterfest?", fragen Bakabu, Charlie Gru und Mimi Lou. „Was ist denn das?"

„Ihr kennt das Osterfest nicht?" Der Osterhase schlägt mit einer Pfote auf seine Stirn. „Oje, oje, oje. Das Osterfest ist ein ganz besonders schönes Fest auf der Erde. Wir feiern es immer im Frühling. Wenn die Blumen wieder blühen und die Vögel wieder zu singen beginnen. Dann bemale ich viele, viele Eier in den schönsten Farben: Violett, Blau, Grün, Gelb, Orange …"

„Und Rot", platzt Mimi Lou heraus.

„Genau. So bunt wie ein Regenbogen. Diese Ostereier kommen in die Osternester. Gemeinsam mit einem leckeren Schokoladehasen. Und die Osternester verstecke ich dann für die Kinder."

„Und was quann nun dieses eine Ei?", fragt Mimi Lou.

„Na ja", antwortet der Hase. „Es ist das Osterlied-Ei."

„Osterlied-Ei?", wispert Bakabu aufgeregt.

„Natürlich", sagt der Osterhase. „Jedes Jahr male ich auf ein besonders schönes rotes Ei einen Notenschlüssel. Dann wächst in diesem Ei ein ganz neues Osterlied. Und wenn ich das Ei zu Ostern auftitsche, zischt das Osterlied heraus. Es fliegt in alle Osternester, damit es die Kinder singen können, wenn sie die bunten Eier aneinander titschen und pecken."

„Ein neues Lied!", ruft Bakabu. „Wie aufregend! Worauf wartet ihr? Wir müssen das Osterlied-Ei mit dem Notenschlüssel unbedingt finden. Und ich weiß auch schon, bei wem wir mit unserer Suche beginnen!"

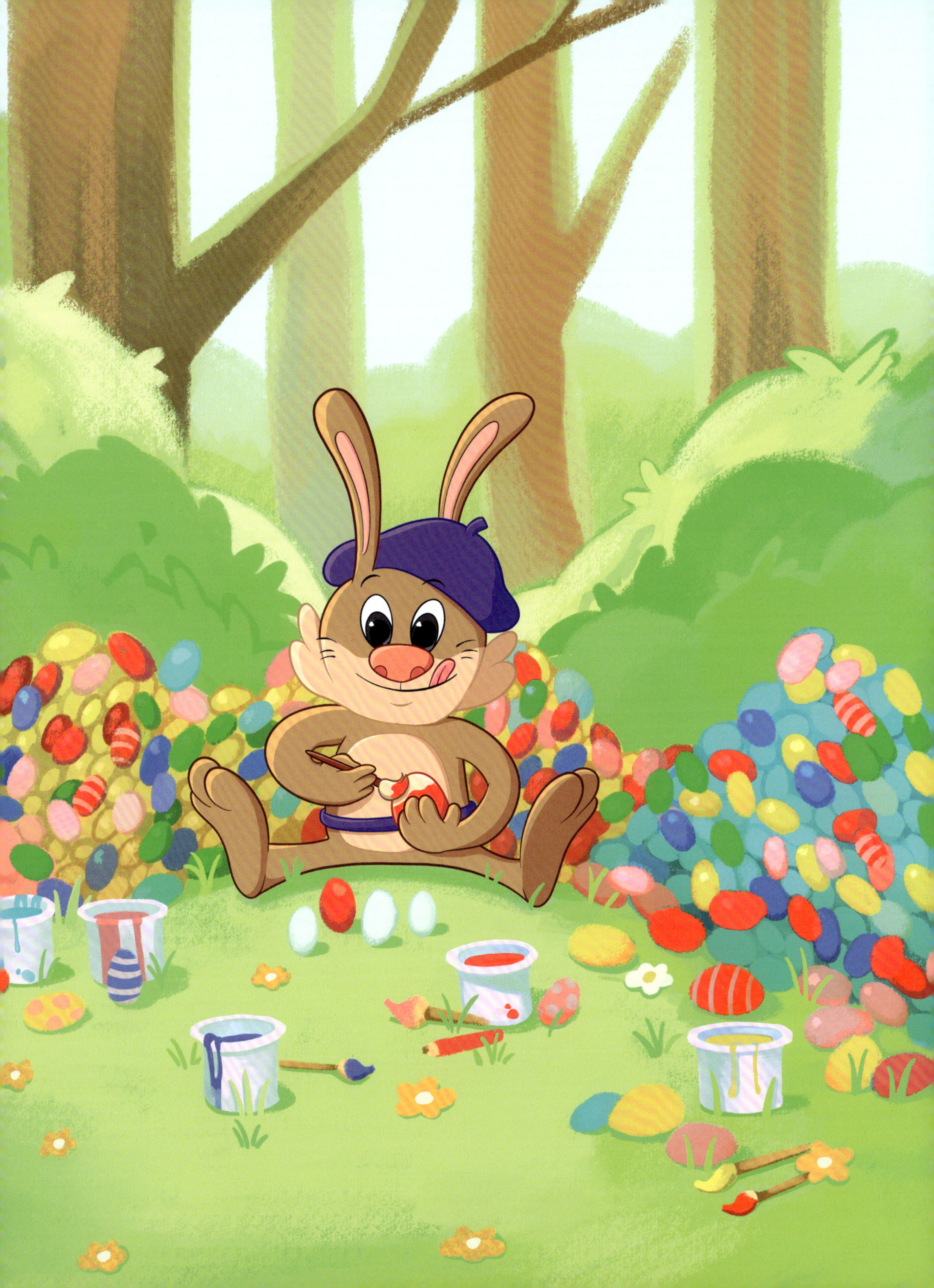

Wenig später betreten die Freunde und der Osterhase ein altes Nebelhorn. Im Wohnzimmer sitzen Ukuleila, die schrille Grille, Jack Embalo, der maulende Maulesel, Onkel Kornett, die alte Ohrmuschel und Anton Kammerton an einem Tisch und spielen Karten. Doch Anton Kammerton schnarcht wie eine rostige singende Säge.

„Onkel Kornett", platzt Bakabu heraus. „Stören wir?"

„Ach was", mault Jack Embalo. „Wir können ohnehin nicht spielen. Dieser Kammerton ist ja nicht wachzukriegen. Also, was gibt's?"

„Wir haben Besuch von der Erde. Es ist der Osterhase und er hat das knallrote Osterlied-Ei verloren."

„Das Ei, es wird bald aufgepeckt, denn darin ist ein Lied versteckt", knurrt Onkel Kornett.

„Genau", ruft Bakabu. „Habt ihr es vielleicht gefunden?"

„Gefunden nicht", meint Ukuleila. „Aber ich habe vorhin ein rotes Ei vorbeihüpfen sehen. Es ist in den Wald gesprungen. Direkt auf den Fuchsbau zu. Und der Fuchs liebt ... Hey!? Wo wollt ihr denn hin?"

Ukuleila ist noch gar nicht fertig, da sind die Freunde schon wieder durch die Tür.

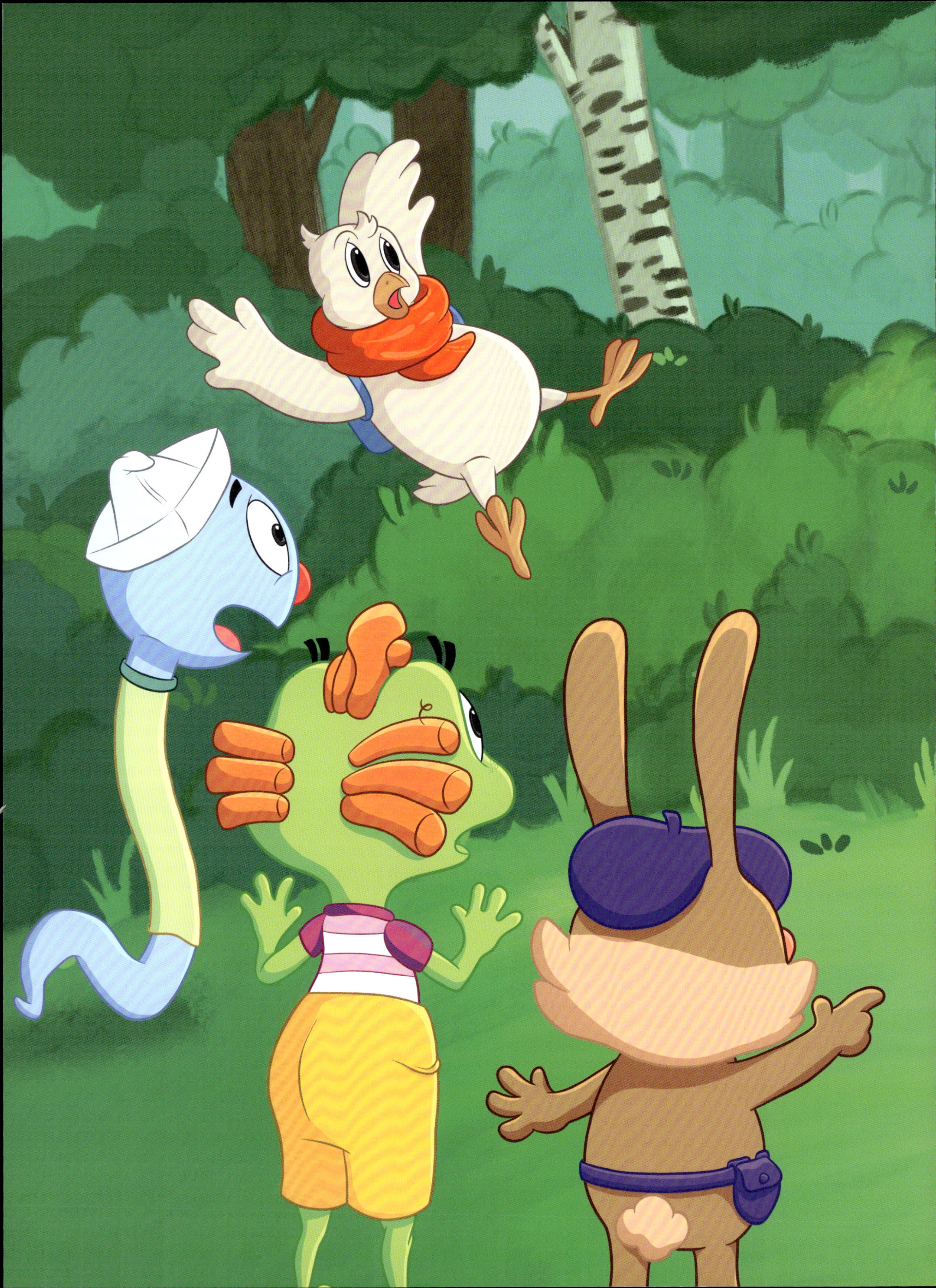

Als sie beim Fuchsbau ankommen, hat es sich dort schon jemand gemütlich gemacht. Freddy Fuchsschwanz hat ein weißes Tuch um seinen Hals gebunden, eine Kerze angezündet und den Tisch gedeckt. Er kann sein Glück gar nicht fassen, dass ihm genau zur Frühstückszeit ein rotes Ei auf den Teller gehüpft ist. Freddy leckt mit der Zunge über seine Lippen.
Doch als er die Schale aufknacken will, hüpft das Ei mit einem Satz wieder vom Teller und springt schnell in Richtung Teich davon.
„Oh nein!", jammert Bakabu. „Das Ei … schon wieder verloren!"
„Ach Quatsch", quakt Mimi Lou. „Quommt mit. Beim Teich quenne ich mich aus."

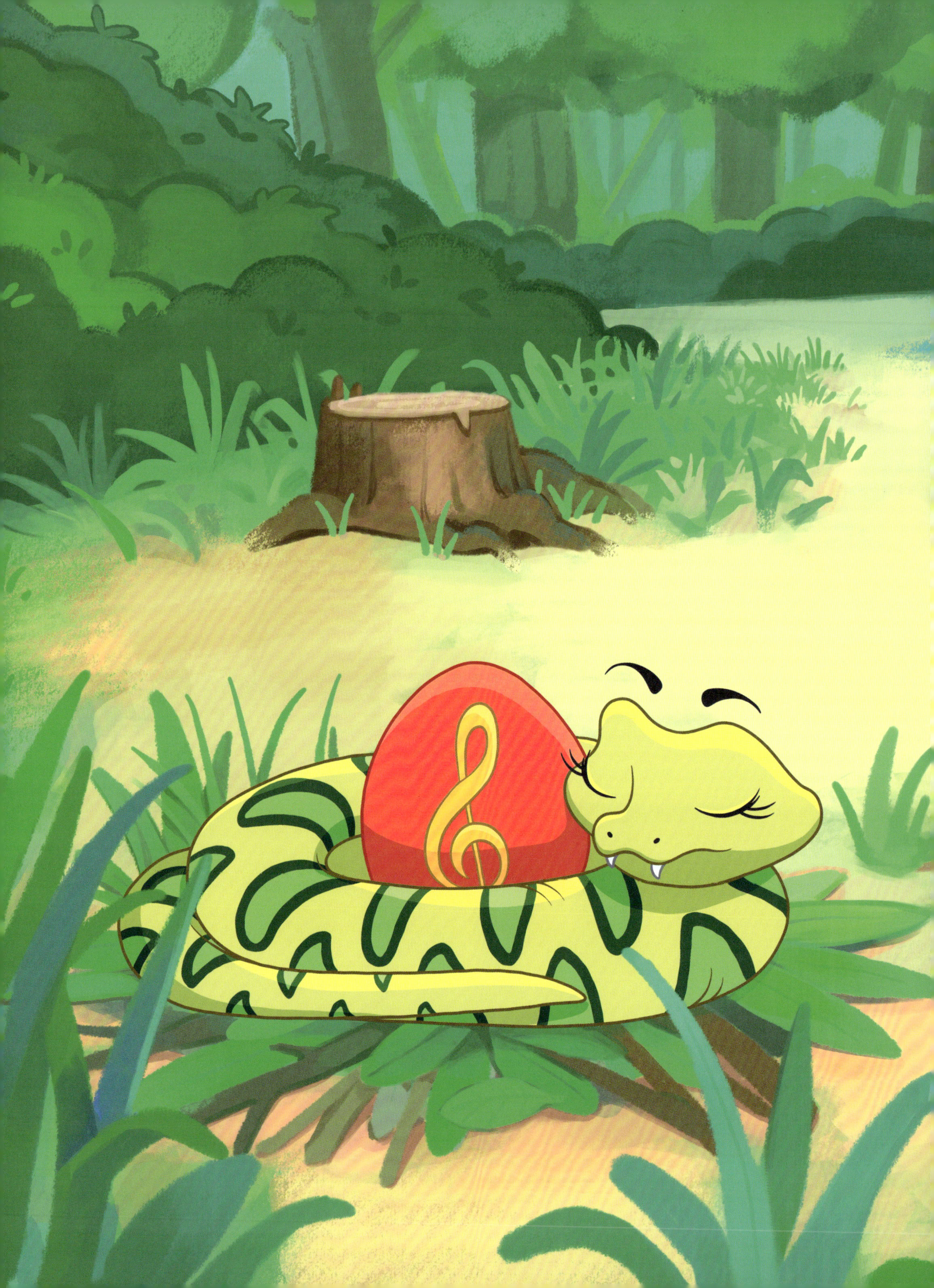

Als Bakabu, Charlie Gru, Mimi Lou und der Osterhase den Teich erreichen, hüpft das Ei gerade munter um das Ufer. Doch es landet ausgerechnet im Schoß von Lucy Leierschlange. „Herrje", jammert Bakabu. „Lucy Leierschlange liebt Eier. Das schaffen wir niemals. Sie wird gleich aufwachen und …"
„Queduld, Queduld", sagt Mimi Lou. „Ich habe eine Idee!", flüstert sie und schleicht davon.

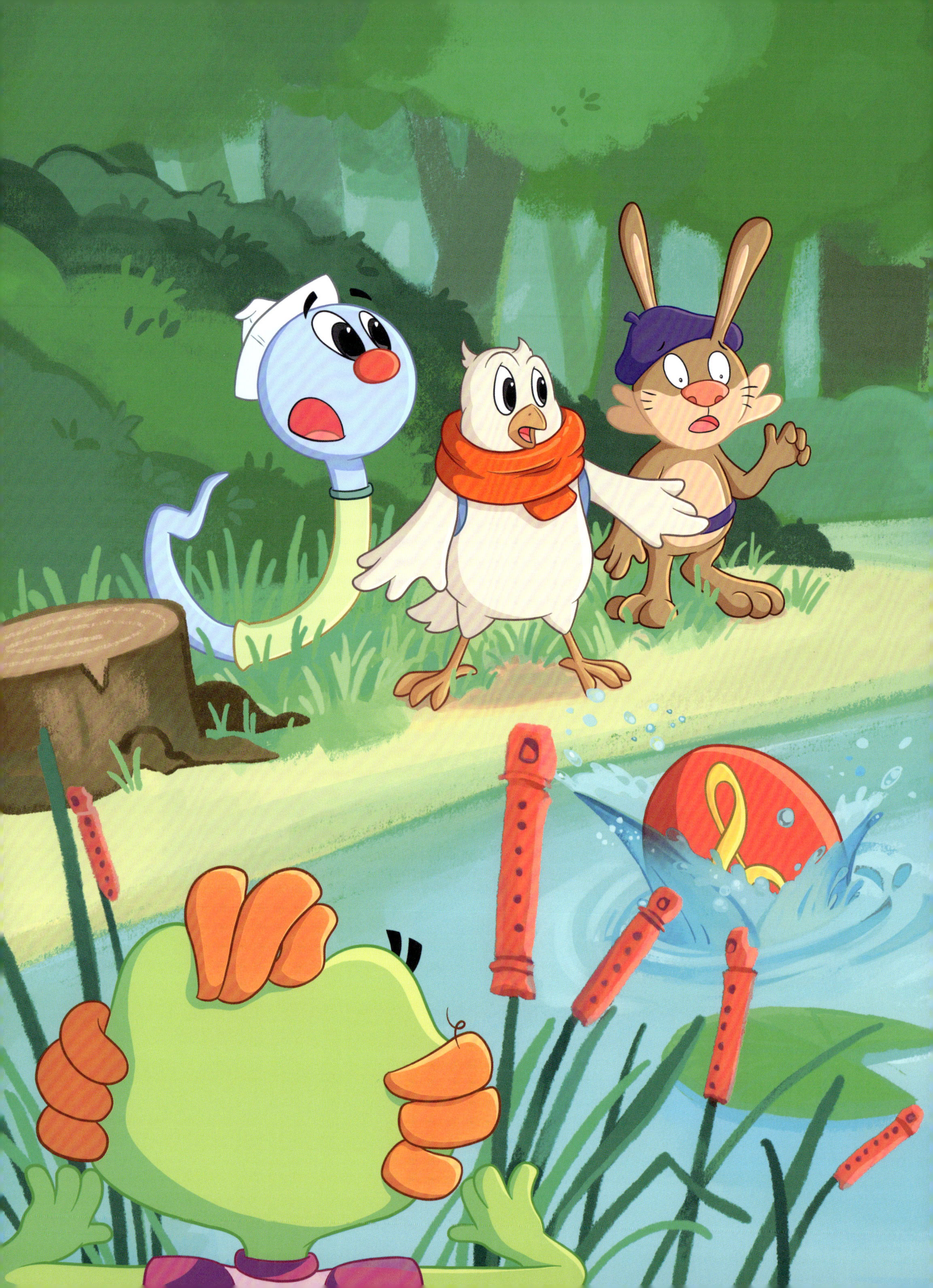

Lucy Leierschlange will gerade freudig zubeißen, da macht das bunte Ei wieder einen Satz. Doch diesmal landet es mitten im großen Teich. Und im Wasser können selbst Osterlied-Eier nicht mehr hüpfen. Es zuckelt und zappelt hin und her und kann sich gerade noch über Wasser halten, doch es kommt nicht vom Fleck.

„Hilfe! Da kommen ja schon die Forellen!", kreischt Bakabu, als er fünf hungrige Fischmäuler sieht. „Sie wollen das Ei stehlen!"

„Queine Sorge", ruft plötzlich Mimi Lou. Wie der Blitz springt sie aus dem Schilf und hüpft von einem Seerosenblatt zum nächsten. Im letzten Moment schnappt sie den Forellen das Ei vor der Nase weg. Sie wirft es in die Luft und Bakabu fängt es am Ufer geschickt mit seinem Hut auf.

„Queschafft", lacht Mimi Lou ihren staunenden Freunden zu.

Als sie wieder in Bakabus Garten stehen, bedankt sich der Osterhase. „Das war sehr mutig von euch. Das Osterlied für das Osterfest ist gerettet!

„Warum ist denn das Ei überhaupt davongesprungen?", fragt Bakabu.

„Wisst ihr, das Osterlied möchte zu Ostern aus dem Ei heraus. Es will mit anderen Eiern zusammentitschen. Wahrscheinlich ist es auf den Regenbogen gesprungen, weil der die gleichen Farben hat wie die Ostereier. Aber als es keine Ostereier gefunden hat, ist es immer weitergehüpft!"

Der Osterhase lacht und hoppelt mit dem Ei in den Pfoten davon.
„Osterhase!", ruft Bakabu. „Das Lied. Ich wollte es doch so gerne hören."
Doch der Hase ist schon über alle Berge. Traurig dreht sich Bakabu zu seinen Freunden: „Kein Osterlied", flüstert er leise. „Wie schade. Wie es wohl klingt? Ich werde es nie erfahren. Bei uns gibt es leider keine Osternester."
Bakabu pfeift ein paar schmollende Töne und verschwindet in seinem Haus.

Am nächsten Morgen geht wie jeden Morgen die Türe eines kleinen Häuschens auf und ein blauer Ohrwurm tritt in die Sonne.
 „Einen wunderschönen guten Morgen wünsche ich der tollsten Glockenblume im ganzen Singeland", sagt Bakabu nicht ganz so fröhlich wie sonst. „Hm … irgendwie ist hier alles … bunter", murmelt Bakabu. Und dann entdeckt er es: Unter den Blättern seiner Glockenblume hat jemand etwas versteckt. Es ist ein … EIN NEST. Und darin sind viele, viele bunte Eier: gelbe und grüne, blaue und orange, violette und rote, und in der Mitte steht ein richtiger Schokoladenhase.

„Es ist Ostern", ruft Bakabu aufgeregt. „Charlie Gru, Mimi Lou! Der Osterhase hat ein Osternest versteckt!"

Es dauert nicht lange, bis sich die Freunde eingefunden haben. Es sind genug Eier für alle da. Sogar für Freddy Fuchsschwanz und Lucy Leierschlange.

Und als die Freunde die Eier aneinander titschen, erklingt tatsächlich ein wunderbares Lied. Es ist das Osterlied, das aus dem roten Ei in alle Osternester geflogen ist … auch in das Nest von Bakabu. Das erste Osterfest im Singeland kann beginnen …

DAS HÖRBUCH ZUM BUCH GELESEN VON CHRISTIAN TRAMITZ

CD zum Buch:
ungekürzte szenische Lesung mit Musik, gelesen von **Christian Tramitz**, Musik von **Manfred Schweng**
ISBN 978-3-903300-48-4
Erhältlich in jeder Buchhandlung und bei:

iTunes amazon

Alle Bakabu-Lieder und Hörbücher als Stream verfügbar im
Bakabu-Singeland:
www.bakabu.at/singeland